FATALITÉS

FINANCIÈRES

FINANCES SANS CHIFFRES

TRAVAIL SANS CAPITAL ET CAPITAL SANS TRAVAIL

MM. FOULD, THIERS, LÉON SAY

BANQUE JUIVE ET PARLEMENT SOUVERAIN

PRÊTEURS SUR GAGE ET EMPRUNTEURS IRRESPONSABLES

LE TRAVAIL EN DÉTRESSE ET LE CAPITAL EN PÉRIL

LA RENTE MENACÉE

SAUVEURS ET SAUVE-QUI-PEUT

PARIS

RETAUX-BRAY, LIBRAIRE-ÉDITEUR

82, RUE BONAPARTE. 82

—

1887

FATALITÉS FINANCIÈRES

IMPRIMERIE D. DUMOULIN
Rue des Grands-Augustins, 5, à Paris.

FATALITÉS

FINANCIÈRES

FINANCES SANS CHIFFRES
TRAVAIL SANS CAPITAL ET CAPITAL SANS TRAVAIL
MM. FOULD, THIERS, LÉON SAY
BANQUE JUIVE ET PARLEMENT SOUVERAIN
PRÊTEURS SUR GAGE ET EMPRUNTEURS IRRESPONSABLES
LE TRAVAIL EN DÉTRESSE ET LE CAPITAL EN PÉRIL
LA RENTE MENACÉE
SAUVEURS ET SAUVE-QUI-PEUT

PARIS

RETAUX-BRAY, LIBRAIRE-ÉDITEUR

82, RUE BONAPARTE, 82

1887

FATALITÉS FINANCIÈRES

Écrire une brochure est au moins une imprudence ;
la présenter au lecteur impatient, qui a peine à lire
un article de journal, c'est lui porter un défi, et la
faire précéder de quelques lignes d'introduction
pourra sembler impertinent. L'aveu de notre culpa‑
bilité serait notre excuse, si nous ne craignions, à
vrai dire, de n'avoir aucun titre à l'indulgence.

De quel droit oserons-nous parler de fatalités
financières à une société qui, en comptant ses dé‑
penses, peut vanter sa richesse ? Et n'est-ce pas une
rare impudence que de réduire aux simples opéra‑
tions du raisonnement et du sens commun la science
mystérieuse qui autorise les initiés à décréter sur des
ruines la prospérité publique ?

Cette audace est la nôtre, et notre témérité va plus
loin encore. Aux manieurs de chiffres et de milliards,
nous déclarons que les budgets sont pages de roman,
dont le moindre défaut est de manquer de littérature,
et que le vent emporte, parfois jusqu'à l'Académie.
Un budget, aujourd'hui, est comme la maison d'un
grand seigneur qui se croirait obligé, sous peine de
déchoir, à ne point calculer tous ses frais. Le million
n'est plus qu'une fraction de médiocre apparence, et

il a des preuves à faire avant d'être admis. Si on l'écarte avec dédain, si on lui fait prendre le large, il peut flotter longtemps sans trouver un abri consolidé, sans entrer au port, et le caprice des voyages lui permet de s'égarer en route. Sur les raquettes parlementaires, les milliards eux-mêmes n'ont pas un repos plus assuré, bien qu'on leur accorde une attention plus flatteuse. Quant à nous, plein d'égards envers leur majesté, nous les traiterons avec respect, estimant leur poids si lourd qu'il serait indiscret de les compter.

Foin des chiffres ! dirons-nous ; foin de cette arithmétique pédante, mais frelatée, qui donne carrière aux vaines disputes, divise pour régner, sépare les comptes et dissimule le total ! De grands esprits, ayant assimilé la France à un vaste restaurant, ont imaginé d'y ouvrir assez de cabinets particuliers pour que la dépense soit aisée, et difficile le contrôle, assu-. rément un peu vulgaire, d'une addition générale. Mais, dussions-nous les scandaliser, nous ne nous prêterons pas à discuter des additions triées sur le volet, dont l'unique but est de favoriser des soustractions nécessaires. Nous éviterons soigneusement ce dédale de chiffres et de comptes spéciaux, où la main, qui pose un, volontiers retient dix, où ne saurait se complaire qu'un ministre des finances à la recherche d'une numération nouvelle. Si imposants qu'ils soient, les budgets négligent tant de quantités réelles, qu'ils sont, à nos yeux, d'une qualité négligeable.

Ces derniers mots ne nous entraîneront point à quelque irrévérente digression, que justifierait une légère variante, sur un de nos hommes d'État, dont les œuvres pourtant auraient certaines attaches avec notre sujet. Nous payons, en effet, nous payons même fort cher ses fantaisies de collège, et son mépris superbe pour le pays de la porcelaine nous a valu le coûteux honneur d'apprendre, à nos frais, qu'un premier ministre peut être brisé comme une potiche de Chine. Ministre et potiche également peuvent être recollés ; c'est encore une ressemblance. Mais ne touchons pas à ces fragilités. Aussi bien ce ne sont pas des hommes, c'est un système que nous attaquons, et de plus déjà des voix moqueuses murmurent à nos oreilles : Avocat, passons au déluge.

Eh ! sans doute, le déluge sans phrase aurait ses partisans. Toutefois, avant de procurer au public la sensation désirée — nous pensons que, pour l'instant, il n'exigera pas davantage — d'un bain complet, en eau pleine et profonde, nous devrons le prier de passer au vestiaire. Parmi ceux qui nous pressent, il est, nous le croyons, de très hardis plongeurs ; mais combien disent tout bas, pour se maintenir en joie : après nous, le déluge ! qui, si le jour de l'événement devançait leurs prévisions, crieraient bien haut, et d'un ton pitoyable : après vous, s'il vous plaît ! Leur hâte, à tout prendre, n'est donc pas bien sincère. Et puis, qu'ils se rassurent : nous n'avons à leur présenter qu'un décor ; mais il dépend d'eux que le vrai drame vienne occuper la scène, de façon à satisfaire les plus intransigeants des réalistes. Un si beau résultat n'exigerait aucune fatigue ; il suffit, pour l'atteindre, que le citoyen français reste ce qu'il est, et demeure où il est, content de son sort et de la Chose publique.

Maintenant, ami lecteur, notre confession est faite. Puisses-tu penser, après avoir lu cette rapide étude, que tu l'as toi-même écrite. Elle se présente à tes regards sans garant et sans nom, dans l'espoir que tu ne refuseras pas de lui donner l'un et l'autre. N'étant personne, nous pouvons être tout le monde, si tu veux nous y aider. Que ces pages soient donc tiennes, qu'elles reçoivent ton empreinte et deviennent ton œuvre. C'est la faveur que l'auteur te demande, et, modestie à part, c'est la grâce qu'il te souhaite.

I

Pour apprécier les conséquences du vertige qui
nous domine ; pour se tenir à l'abri des objections
que fait naître l'équivoque ; pour ne point conclure
avant d'avoir démontré, quelques remarques sont
utiles, quelques définitions nécessaires.

Notre situation économique est mauvaise, dit-on de
tous côtés ; vérité si banale, qu'à force de la répéter,
beaucoup finissent par ne la plus craindre, et, en
s'habituant au mal, cessent de croire au pire. Dans la
sphère où nous posons un pied discret, l'incertitude,
le malaise, les souffrances sont manifestes ; mais
l'illusion n'y abdique pas ses droits. Douce au cœur
de l'homme, elle ne trouve nulle part une atmosphère
plus propice ; de savants docteurs la flattent et la
caressent ; leurs paroles sont séduisantes, et ils peuvent fort à leur aise nous promener en de nombreux
détours.

Les faits de l'ordre économique et les phénomènes
qui les accompagnent sont complexes ; les causes qui
les amènent diverses et voilées ; des éléments variés
concourent en même temps, bien qu'opposés en apparence, à régler le mouvement de la vie matérielle des
peuples ; vaste en est l'ensemble, délicates en sont les
parties, et rebelles aux rigueurs de l'analyse se mon-

trent les fluctuations de la richesse. Les spécialistes
ont beau jeu, pour donner un plein essor aux chi-
mères d'une science indécise, et obscurcir les
questions, sous le prétexte d'en éclairer toutes les
faces. Quelle liberté n'auraient pas leurs ébats ? Quels
sujets de dissertation manqueraient à leur art, depuis
les influences religieuses, morales et politiques, qui
aident à comprendre les problèmes sociaux et y
tiennent assurément la première place, jusqu'aux
événements qui trompent les calculs humains, ba-
tailles de nations sur les champs de la guerre ou de
l'industrie, accidents de la nature, intempéries des
saisons, fléaux destructeurs et récoltes perdues, sans
parler des évolutions et des révolutions qui transfor-
ment ou troublent les conditions de la concurrence,
modifient ou altèrent les relations des différents fac-
teurs de la production ?

En vérité, de dire notre mot sur d'aussi graves
matières, la tentation serait vive et même légitime ;
mais elle nous tend un piège où nous ne tomberons
pas. La satisfaction de traverser les épineuses brous-
sailles d'une discussion touffue ne vaut pas la clarté
qu'on y perd. Causes premières et causes secondes
d'une maladie, dont chacun ressent les effets, seraient
motifs de disputes, qui, dans l'état des esprits, pro-
voqueraient des diversions nuisibles à la netteté du
jugement. La maladie est reconnue, si elle n'est pas
connue ; sur ce point l'accord existe, ne le compro-
mettons pas, pour le plaisir de remonter aux origines.

Restons dans la sphère des faits ; suivons-en l'enchaînement, et craignons déjà d'être menés plus loin que
nous ne désirons.

La situation économique de notre pays est aussi
confuse que sont évidents les signes du péril. Ce n'est
pas une contradiction ni seulement une antithèse ; la
logique veut qu'il en soit ainsi, et nous engage par là
même à nous abstenir de recherches spéculatives,
qui, dans un milieu où la vue devient trouble, empê-
cheraient de discerner le danger.

Envisagée sous son aspect le plus simple et
le plus précis, cette situation, aux jours heu-
reux ou malheureux, demeure l'expression des
rapports existant, suivant une règle de nécessité,
entre le travail et le capital. Ces deux mots désignent
des conjoints, qui doivent vivre en bonne intelli-
gence ; mais l'un d'eux, le capital, conserve des
moyens de divorce ; il garde la faculté de rompre la
communauté, s'il lui plaît de courir les hasards de
l'isolement. En changeant de fonctions, il change de
nature, et ainsi, pouvons-nous dire, il y a capital et
capital : celui-là, fidèle compagnon du travail, auquel
il reste uni ; celui-ci, solitaire égoïste, qui prétend
vivre pour lui seul, et peut détruire tout l'équilibre
des forces économiques. En temps de crise, on les
personnifie, et le capitaliste, sans distinction, est le
bouc émissaire, chargé des malédictions de l'ouvrier,
qui, de son côté, s'érige en maître du travail ; double
et déplorable erreur, trop peu remarquée, dont profite

le coupable. Il nous importait de la signaler, et, pour ce motif, nous nous appliquerons à développer notre pensée.

Le travail et le capital ne doivent être ni confondus ni séparés ; il faut les distinguer pour les unir. Le premier, dans le langage ordinaire, est l'effort du labeur, le second est l'instrument nécessaire à cet effort. Sans l'instrument, l'effort est stérile et bientôt s'arrête ; sans l'effort, l'instrument est improductif, mais il subsiste. C'est pourquoi, s'il peut y avoir un capital sans travail, il n'y a pas de travail sans capital ; et aussi, pour nous, le Travail, dans son action fécondante, est-il une expression générique, qui embrasse tout à la fois l'effort et l'instrument.

L'homme fait et défait. Il ne peut rien tirer du néant ; il n'y peut rien ramener. Irrité par ces deux impuissances, il bouleverse l'ordre établi. Il confond ce qui est distinct, c'est sa manière de détruire ; il sépare ce qui est uni, c'est sa manière de créer. Ces procédés se valent ; tous nos égarements en proviennent, et d'éclatantes contradictions les dénoncent. Quand on confond l'instrument et l'effort, l'instrument se retire, et il opprime l'effort, en se créant une existence isolée. Quand on les sépare, l'effort revendique l'instrument comme sa propriété, en menaçant de le détruire. Dans les deux cas, c'est la rupture, laissant l'effort stérile, qui garde le nom de travail, en face de l'instrument

improductif, qui a toujours le nom de capital.
Néanmoins, leur état civil est changé ; maintenant ils sont ennemis. L'ouvrier voudra s'approprier
le capital, il sera révolutionnaire ; le capitaliste
voudra divorcer d'avec le travail, il restera con-
servateur. Mais qu'importe l'étiquette ? Confusion
et séparation aboutissent à un résultat identique :
la lutte est engagée. Si la confusion est encore une
utopie, la séparation s'accomplit et prépare un dé-
sastre. Qu'on suppose un instant le travail sans capital et le capital sans travail : le spectre de la mi-
sère se dressera sur un tas d'or.

L'hypothèse est extrême et contre nature ; mais
elle montre le terme d'une voie périlleuse qu'il serait urgent de ne plus suivre. L'effort et l'instrument, ne nous lassons pas de le répéter, ne peuvent
cesser d'être distincts ni être séparés. Ils coexis-
tent, avec un pareil besoin de produire, et leur
fécondité dépend de leur union. Si rapprochées
sont leurs origines, si communes leurs destinées,
dans les épreuves de l'enfantement et dans les ris-
ques de la vie, qu'il convient, en toute rigueur,
quand ils sont associés, de les réunir sous un seul
vocable, de leur donner, ce qui vaut mieux que des
noms de guerre, pour marquer le caractère actif de
leurs énergies mutuelles, un nom de travail, qui
est le Travail lui-même.

Le sujet est délicat. Nous devons respecter des
droits individuels que consacrent, en les bornant, des

devoirs réciproques. Le capitaliste et l'ouvrier représentent deux organes ayant des propriétés déterminées, mais disposés à pénétrer l'un dans l'autre, et à offrir un parfait assemblage, car il y a un capital dans tout travail, comme il y a un travail dans tout capital. Et cette vérité se revêt soudain d'une rayonnante clarté, lorsque, s'élevant au-dessus des particularités, l'on embrasse d'un coup d'œil la scène immense où se creuse à travers les siècles le sillon d'un peuple. Travail national, Capital national, n'est-ce pas une même chose, indivisible dans le passé, dans le présent, dans l'avenir ? N'est-ce pas le même trésor, qui perpétue d'âge en âge la grandeur de la Patrie ?

Nous avons distingué l'effort et l'instrument ; mais nous les avons désignés comme les éléments constitutifs d'une force unique, et ce n'est point les confondre que de rappeler leur intime union. Pour être régulier, leur développement exige la sécurité, la stabilité, dont la paix sociale doit être l'heureuse conséquence, et ici l'État vient remplir sa tâche, dans le plein exercice de sa haute mission. Il lui appartient d'établir cette paix désirée, et de fixer, par une équitable répartition, les charges publiques nécessaires à la protection d'un si grand bien. Régulateur du mouvement général, il est tenu de distribuer la justice, pour assurer le libre jeu des activités individuelles ; la durée est l'indispensable attribut de sa responsabilité. Son influence souveraine correspond à ce besoin d'équilibre qui est la condition du progrès. S'il est fidèle à respecter cette correspondance, et dans la mesure de sa fidélité, les deux éléments combinés du Travail s'accroissent d'une force nouvelle; le Crédit vient élargir leur champ d'action et multiplier leurs conquêtes. Ces quatre termes : travail, capital, impôt, crédit, se trouvent alors reliés entre eux par une loi d'harmonie qui détermine leurs rapports. Si cette loi est violée, il y a crise; si la crise se prolonge, la catastrophe arrive.

Un souffle s'est élevé, souffle brûlant de discorde, et la crise est ouverte. Il n'est personne qui ne sache tourner une phrase élégante ou bien sentie, touchant l'ardent conflit du travail et du capital; toutefois la phrase pourrait n'être qu'un vêtement tiré au hasard de quelque atelier de confection, tour à tour trop large et trop étroit pour l'idée qu'il recouvre. Sur les lèvres d'un grand nombre ne serait-elle pas une formule à la mode, servant à rajeunir une chose fort ancienne : le choc du faible qui convoite contre le fort qui possède, du pauvre contre le riche? D'autres, plus particulièrement frappés de certains symptômes du mal moderne, modifient la portée, mais non le sens de la formule, qu'ils appliquent surtout à l'antagonisme de l'ouvrier et du patron, considéré soit comme individu, soit comme personnalité anonyme.

Sans doute, nous assistons à une tumultueuse

bataille, où l'on entend le cri des passions humaines, éternellement mêlé à la changeante dispute des intérêts. Mais quoi! Ces passions ne sont-elles pas de tous les siècles? Et, dans les disputes du nôtre, telles qu'on les signale, disputes homicides, nous ne le nions pas, peut-on voir autre chose que le monde du Travail qui se déchire de ses propres mains? Entre patrons et ouvriers, un antagonisme redoutable, il est vrai, laisse, au flanc de notre société débile, une large et saignante blessure. C'est une guerre de famille, guerre intestine qu'un malentendu provoque et que la colère déclare. Ce n'est point la vraie lutte du Capital et du Travail, d'un envahisseur victorieux contre un vaincu qui veut défendre ses foyers. Et pourtant cette lutte existe; et, mis en son plein jour, le désordre économique qu'elle accuse pourrait rapprocher, croyons-nous, par le sentiment d'un péril commun, des soldats aujourd'hui divisés.

Oui, la loi d'harmonie dont nous avons parlé, a été violée et ne cesse de l'être avec l'opiniâtreté fatale des incurables démences. Le capital, ennemi du Travail, ennemi du capital actif dont dispose le patron aussi bien que du labeur de l'ouvrier, ce capital n'est plus un vain fantôme. Il a tout l'appareil d'une organisation savante; il est légion. Mais ceux qui se disent ses adversaires ne l'entrevoient qu'obscurément, par intervalles, dans ses tranquilles délices. Leurs coups le plus souvent ne tombent que sur son laborieux homonyme, qu'ils devraient respecter et chérir, comme un intrépide allié, partageant leurs fatigues, leurs succès et leurs douleurs. Un secret instinct les avertit que devant eux, au-dessus d'eux, est une puissance hostile; il veulent l'atteindre, et ils frappent à côté. L'ouvrier prend le patron pour l'adversaire, et le patron s'irrite contre l'ouvrier. Ils se regardent avec défiance, quand ils ne sont pas aux prises; et ni l'un ni l'autre ne songent au pouvoir occulte dont ils sont les victimes. Ce pouvoir est celui du capital qui a rompu son contrat naturel avec le travail. Solitaire égoïste, avons-nous dit, renonçant à la peine, mais voulant être à l'honneur, aiguisant, à la table d'autrui, un appétit d'oisif, il tarit les sources de la richesse, et prétend avec orgueil se féconder lui-même. Pour lui, le nom qu'il porte est vraiment un nom de guerre. Qui ne visite pas son royaume ignore la cause immédiate du conflit économique et du malaise social.

O vous qui, à des titres divers, formez la grande armée du Travail, vous qui possédez l'outillage, et vous qui maniez l'outil, frères d'une même famille, oubliez vos querelles, unissez-vous, et prenez-garde! Voilà l'ennemi : C'est le capital qui déserte vos champs et vos ateliers, que l'État sollicite et attire, qu'il appelle de sa voix la plus caressante, ou qu'il envoie chercher par des entremetteurs au doux langage, dont il protège l'industrie; c'est le capital que séduit la promesse du repos, que fascine la prodigalité d'un amphitryon généreux, chez qui tout con-

vive est reçu et peut s'asseoir au banquet; c'est le
capital parasite.

II

Tout capital, qui n'est pas directement engagé par
son détenteur dans les œuvres vives du travail,
devient-il aussitôt un monstre capable des plus grands
crimes et digne des derniers supplices? Pareille
exagération serait une insanité, qui fort heureuse-
ment reste loin de notre esprit. Nous connaissons
l'importance, le rôle bienfaisant des réserves, des
épargnes, auxquelles nul ne saurait. reprocher de fuir
les chances du combat pour la vie. Nous ne contes-
tons pas, d'autre part, qu'à notre époque, l'État
n'ait à déployer, plus qu'il ne le faisait jadis, son
activité propre, à favoriser ou à conduire des entre-
prises qui ne pourraient se passer ni de son initiative
ni de son concours, et qui, intéressant la collectivité,
doivent en avoir la garantie. Or, les dettes publiques
mettent en jeu cette garantie; elles peuvent ainsi cor-
respondre à une intelligente application des réserves
et des épargnes, par un judicieux non moins que légitime usage du Crédit national

Mais lorsqu'on croit pouvoir impunément abuser
du crédit, la dette finit par n'avoir d'autre aliment
que la dette elle-même; elle grossit, elle se gonfle,
aspire gloutonnement tout ce qui a un germe de vie,
et, pour se nourrir, fait le vide autour d'elle. L'État
ne pose bientôt plus de limites à sa puissance d'ab-

sorption; alors, dans ses mains avides, au détriment du capital actif, élément essentiel du Travail, se forme le dévorant et insatiable vampire que nous avons entrevu, le capital parasite. Le convaincre de malfaisance est une tâche ingrate; toutefois il a des répondants qualifiés que nous appellerons en témoignage.

Trois hommes de physionomie variée et de valeur inégale, MM. Achille Fould, Adolphe Thiers et Léon Say, ont eu, dans des conditions et avec des pensées différentes, une influence décisive pour déterminer le courant qui nous entraîne.

De famille israélite, M. Achille Fould fut l'argentier en titre de Louis-Napoléon. Il joua les épaves de sa fortune personnelle sur l'espérance d'un avènement impérial. Le succès répondit à son attente. Il ne cessa, depuis, d'avoir, jusqu'à sa mort, la haute direction des finances de l'Empire, et fut naturellement porté à y appliquer les aptitudes et les procédés qu'il tirait de son origine. Pour la première fois, en France, le Trésor allait se transformer en une maison de banque parfaitement outillée, et merveilleusement préparée à drainer tous les capitaux, ceux des pupilles de l'État, par des règlements obligatoires, ceux de l'Épargne, par des faveurs attractives.

Mais financier mesuré autant qu'habile, ministre dévoué à une race qu'il croyait destinée à perpétuer l'Empire, M. Fould voulut ménager sa responsabilité personnelle d'homme politique et celle d'un régime qui avait, suivant lui, une mission dynastique. Aussi

n'usa-t-il de ses méthodes qu'avec prudence, toujours
attentif à ne point priver l'agriculture, l'industrie, le
commerce, triple base de l'impôt, des ressources nécessaires à leur existence. La supériorité de son esprit, sa clairvoyance et son tact empêchèrent les
aventures de passer par la porte entr'ouverte. La dette
masquée, qui recevra, plus tard, un accueil empressé,
fut pourtant alors bien près de se faire accepter, sous
la forme d'obligations trentenaires. Mais M. Fould
veillait; il éconduisit l'imprudente. Néanmoins une
révolution s'opérait. L'emprunt par voie de souscrip-
tion publique mariait les finances au plébiscite,
fondement de l'édifice politique. Le nouveau système
entrait promptement dans les mœurs; il avait une
élasticité suffisante, pour satisfaire aux besoins nor-
maux et aux exigences d'événements imprévus, pour
se prêter aussi à de prochaines folies.

La guerre de 1870 vint dissiper les songes de la
France assoupie, et un pouvoir fragile, qui ne con-
naissait pas son lendemain, dut inviter le pays à
prouver qu'il était assez riche pour payer ses dé-
faites. M. Thiers, esprit remuant, orateur disert, mais
bourgeois calculateur, profita tout à la fois et de son
autorité parlementaire et des pratiques consacrées
par M. Fould, à l'effet d'emprunter un certain nombre
de milliards, et de faire rendre à l'impôt tout ce que
l'impôt pouvait donner. Une idée rationnelle dictait
sa conduite, il est juste de le reconnaître, encore que
quelques sentiments mesquins s'y fussent peut-être

mêlés. Elle contenait une sage leçon à l'adresse des gouvernements de fait, mandataires accidentels de la nation, empêchés d'engager l'avenir, par la nature de leur mandat. Voulant, disait-il, mettre la rançon du territoire à la charge de la génération qui avait *plébiscité* la guerre, il demandait à l'impôt non seulement de payer la rente de l'emprunt, mais encore d'amortir rapidement la dette exceptionnelle qui rappelait nos revers. M. Thiers pensait accomplir son dessein. Il croyait à sa durée, c'était son illusion. L'excès de l'impôt, avec ses funestes conséquences, fut tout ce qui resta de son programme. Ses héritiers par adoption devaient entretenir pieusement les routes frayées à l'emprunt, en ouvrir de nouvelles, et se jouer de l'amortissement.

Après des alternatives peu dignes de mémoire, la République est constituée ; MM. Gambetta, de Freycinet, Léon Say, vont en diriger les destins. Ils arrêtent, dans une nuit restée célèbre, un plan gigantesque, fondé sur la triple alliance des méthodes financières introduites par M. Fould, des réserves et amortissements créés par M. Thiers, des plus-values qui font l'orgueil d'un régime à ses débuts.

M. Léon Say ne fut qu'un collaborateur. Cependant plus d'un trait distinctif lui vaut un relief qui permet d'isoler son personnage. Il n'est ni juif, ni banquier ; mais ses talents familiers le désignaient à la banque juive pour un premier emploi. Il se montra courtier fidèle autant que convaincu. Ce mot ne le blessera pas. Tout gardien du dictionnaire sait que la langue française impose le mot propre, et celui-ci n'est point une offense ; si l'on pouvait en juger autrement, nous aurions hâte de le retirer. Après avoir franchi le seuil académique, un descendant de Jean-Baptiste Say doit quelque reconnaissance à la doctrine du laissez-passer ; aussi ne saurait-il se plaindre que nous en réclamions nous-même le bénéfice, soit pour nos libres jugements, où la sincérité n'a rien de commun avec le goût fâcheux des personnalités, soit pour cette expression de banque juive, qu'il nous aurait plu d'éviter. Un autre nom s'offrait-il à notre choix ? Nous avons cherché ; nous n'avons point trouvé. Cela nous oblige à une digression, notre volonté bien arrêtée étant de nous interdire tout ce qui serait une concession à la mode du jour, tout ce qui ressemblerait à une parole agressive. Nous n'aimons ni flatter ni dénigrer ; nous exposons des faits ou des idées, nous ne discutons pas des personnes.

Pourra-t-on supposer que nous refusions à la banque une estime méritée, et que l'épithète juive ait mission de marquer notre dédain ? Ce serait, en nous taxant d'ignorance, commettre à notre égard une dommageable méprise. La banque est un organe essentiel de l'activité financière ; elle y exerce une sorte de magistrature, dont l'autorité morale découle d'une responsabilité portée au plus haut degré. Son intervention est nécessaire aux gouvernements, et presque toujours indispensable à toutes les communautés d'intérêts publiques ou privées. Mais, lorsqu'elle veut se soustraire aux responsabilités qui limiteraient son action, la banque cesse d'être un modérateur, et subordonne ses services à une visée de domination. Elle ne vient plus en aide, elle absorbe ; elle élargit son trafic et dénature le crédit ; elle prête à qui se ruine et pousse à l'emprunt, si la valeur du gage est bonne, encore que celle de l'emprunteur soit incertaine ou mauvaise. Considérer le prêt comme un instrument de règne et de conquête, ériger en axiome cette rude maxime : « Je te prête, donc je te possède, » c'est fixer la théorie d'un art qui change les notions de la sagesse vulgaire. Prêter à un ami sera chose immorale ; prêter à un ennemi, en dépit d'une apparence évangélique, sera le plus sûr moyen de le perdre. Ainsi comprise, la théorie apparaît dangereuse et nuisible ; mais nous n'avons garde de prétendre que le désir de nuire en inspire la pratique. Dans les affaires, il ne peut y avoir ni amis ni ennemis ; il n'y a que des intérêts. Objectera-t-on que cela suffit à rendre notre argumentation sans objet, que les intérêts n'ont qu'une loi, celle du plus fort ? Erreur, répondrons-nous, grossière erreur ; et précisément nous la combattons. La force qui écrase n'est pas la loi des intérêts, qui, pour être défendus, veulent être conciliés. Leur loi, quoi qu'on dise, est une loi morale, de prudence et de mesure.

Sous une forme gauloise, le proverbe : « On ne prête qu'aux riches, » renferme un précepte, et sa moralité subsiste. En doutez-vous ? Comparez et jugez : si le précepte a vieilli, une impitoyable logique vous condamne à le remplacer par la tactique obligée de ne prêter qu'à ceux dont on convoite la dépouille ou que l'on veut dominer. Le succès de cette tactique a des effets incontestables et incontestés ; n'assure-t-il pas à la banque une influence prépondérante sur la direction des intérêts particuliers et généraux, sur la conduite des affaires et le gouvernement des États ? Une démonstration serait superflue. Et qui donc jouit de cette influence, sinon la banque d'origine étrangère, plus libre, mieux armée pour la conquête, que la banque indigène ? A la première nous donnons l'étiquette de banque juive, et ainsi, en la distinguant de la seconde, nous caractérisons une aptitude, un système, frappés au coin de la tradition israélite. Si le système est mauvais, il convient de blâmer, non les habiles qui le proposent, mais les sots qui l'acceptent.

Nous nous piquons d'être juste, et, quand on rend la justice, il faut — honni soit qui mal y pense — la rendre avec usure. Non, la banque juive n'est pas une citadelle rabbinique, une synagogue réservée, où n'entrent et n'officient que des circoncis patentés ; gens de toute religion et de tous pays s'y font remarquer, incirconcis notoires, auxquels il ne manque que les qualités de la race. Ajouterons-nous qu'il est des juifs dignes de respect, comme il est des chrétiens dignes de mépris ? Des

appréciations personnelles n'auraient point ici leur
place. S'il nous a paru puéril, peu équitable, d'at-
taquer des hommes qui excellent dans leur métier,
il nous semble utile et bon de ne point rester si-
lencieux devant une puissance en tous lieux appli-
quée à tenir le Trésor public sous sa dépendance,
sans encourir aucune responsabilité politique. Cette
observation n'est pas une critique, et la banque
juive aurait toute raison d'y voir plutôt un éloge :
elle a été bien servie ; elle a réussi. Ce n'est point
preuve d'un médiocre mérite.

Domination, irresponsabilité, sont les signes auxquels nous reconnaissons cette banque, quels que
soient les pavillons qui la couvrent, et ainsi se
dévoilent ses affinités naturelles avec le régime parlementaire, dont tout le génie consiste à tirer, de
l'irresponsabilité la plus absolue, la plus implacable
souveraineté. Entre les deux pouvoirs, Banque juive
et Parlement, il y a pacte conclu, et l'on ne suspec-
tera pas l'impartialité de notre esprit, si nous disons
que, pour cimenter l'alliance de leurs irresponsa-
bilités, pour donner aux opérations de l'une la cou-
verture de l'autre, M. Léon Say fut à bon droit
le négociateur préféré. A chacun ses œuvres ; mais
n'oublions pas que les fautes individuelles sont légères
dans la balance où l'on pèse le vice des doctrines.

Le Parlement sanctionna d'un cœur léger, le sou-
rire aux lèvres, une politique financière dont les
inventeurs avaient le droit d'être épris, que de véri-

tables mandataires du pays auraient eu le devoir
de répudier. Inviolable dans ses actes, irresponsable
dans ses votes, le Parlement, sous l'administration de
M. Léon Say, livra la France aux expériences de la
banque cosmopolite. Toutes les formes de l'emprunt
furent perfectionnées ou plutôt empirées. On alla
jusqu'à imaginer la rente amortissable, radicalement
incompatible avec une dette consolidée, qui, seule,
du reste, ne se prête point aux caprices des dissi-
pateurs, et soit conforme au rôle économique de
l'État. Le Ministère des finances, l'Hôtel des Mon-
naies, la Banque de France, tous les établissements,
où se fait sentir la main du pouvoir, furent plus que
jamais astreints, comme les succursales d'une mé-
tropole, à se mouvoir dans un cercle d'influences
dominatrices, dont le centre est partout et la cir-
conférence nulle part. L'emprunt sans mesure avait
alors le prestige d'une institution publique; l'État
tendait à devenir le banquier universel, chargé
d'exploiter la fortune nationale, et, du même coup,
se livrait aux complaisants entremetteurs, ses com-
plices et ses maîtres, qui le disposent et l'aident
à emprunter. Sous le baiser d'Israël, nous ne disons
pas de Judas, naquit, dans l'enceinte du Parlement,
un socialisme hybride, débarrassé de toute aspira-
tion, de toute rêverie généreuses ; nous en subis-
sons l'étreinte, et c'est le triomphe parlementaire
d'une conception juive.

III

L'abus du crédit, poussé bien au delà des bornes
assignées aux simples témérités de l'emprunt, telle
est la marque caractéristique de notre situation économique. Arrivés à ce point, nous avons à défi-
nir ce qui constitue l'abus; mais la question se
trouve réduite à une question d'actif et de passif,
n'en déplaise aux faiseurs de budgets.

Le crédit public est le signe et le balancier de
la richesse publique. Nous avons indiqué comment
l'État devait en tirer de précieux avantages, au
profit de la collectivité qu'il représente. Dans les
heures critiques, un gouvernement de bon renom,
de bonnes vie et mœurs, n'hésitera pas à y trouver
l'énergie de mobiliser en quelque sorte les ressources de l'avenir.

Mais l'abus est manifeste, toutes les fois que le
crédit, en élargissant le passif, a pour effet de di-
minuer les forces qui alimentent l'actif, toutes les fois
que l'emprunt, non content d'absorber des réserves
disponibles, détourne le capital de sa fonction ac-
tive, qui est le Travail.

Il n'y a pas moins abus, si le pouvoir crée une
dette dont la durée ne soit point proportionnée à celle
de sa responsabilité; si privé par sa nature de
la permanence, qui permet d'être patient, il es-
compte précipitamment l'avenir, qui est le patient

et permanent effort du peuple. L'abus enfin est criant, intolérable et ne rencontre aucune barrière, si le pouvoir jouit, en fait, d'une complète irresponsabilité, privilège ordinaire de quiconque n'a point le temps pour coopérateur, dans l'acte de réparer ses infortunes ou ses fautes.

Il est de principe absolu que le crédit est affaire de mesure, et que cette mesure est dans un rapport constant avec la responsabilité de l'emprunteur. C'est pourquoi les gouvernements qui reposent sur un mandat éphémère, sur un consentement révocable, n'ont pas le droit d'emprunter à long terme. Mais ce qui limite leur droit les invite souvent à s'affranchir de toute règle. Les moins responsables seront les plus prodigues. Seuls, les intérêts, les devoirs, les obligations, qui découlent de la durée, font les gouvernements économes. La permanence, condition essentielle de la responsabilité du pouvoir, réside soit dans le peuple, malheureusement habile à improviser des souverains, inhabile à en être un, soit dans une dynastie, faite à l'image de ce peuple, et portant avec lui le fardeau des générations successives. Le peuple parviendra-t-il à découvrir le secret difficile d'être gouvernant et gouverné? Le problème excède nos facultés. Mais, en tout cas, et nous ne redoutons la contradiction d'aucun esprit observateur, la souveraineté parlementaire, combinée avec la souveraineté du suffrage universel, produit une réelle antinomie, qui

se résout en un gouvernement sans nom, le plus
incapable et le plus irresponsable des gouvernements. C'est celui dont nous courons l'aventure;
et le régime de l'anonymat, pourvu d'un mandat
illimité autant qu'il est précaire, a réalisé, sous nos
yeux, peut-être le succès de l'odieux, certainement
le chef-d'œuvre de l'absurde.

Lancé sur la pente où l'ont entraîné ses con-
seillers et ses chefs, l'État n'a plus d'autre souci
que de chercher sa raison d'être dans un inces-
sant appel au Crédit. Il emprunte de tous côtés,
sous toutes les formes, sans trêve ni relâche. Pour
prouver que l'abus a dépassé toutes les prévisions,
qu'il défie toute appréciation, qu'est-il besoin de
dépouiller les budgets qui participent des fictions
parlementaires? Il suffit de dire, avec une rigou-
reuse exactitude, que le montant de nos dettes
échappe à une évaluation précise. Et c'est pendant
une de ces périodes où les gouvernements avisés
encouragent le travail et l'économie, afin de parer aux
événements; c'est en pleine paix que la France voit
jeter sa fortune au vent et qu'elle s'épuise avant
l'heure des patriotiques sacrifices! Dette consolidée,
dette flottante, rente amortissable, obligations sexen-
naires, trentenaires et autres, caisses d'épargne, garanties d'intérêt, engagements de toutes sortes grevant le
Trésor, représentent un passif que l'œil le plus exercé
se refuse à supputer. L'exemple venu de Paris est partout imité; les villes et les villages suivent l'impulsion

donnée ; sur tous les points du territoire, règne, pro-vocante et despotique, Sa Majesté l'Emprunt.

La France a payé ses désastres, comme jadis elle paya ses gloires ; payera-t-elle les folies commises en son nom ? Elle n'a point le temps de réfléchir, et marche d'un pas accéléré sous l'aiguillon qui la presse. Ses maîtres, aujourd'hui, reculent devant le chiffre des emprunts directs et officiels, faits ou à faire, dont jamais aucun ministre des finances n'a pu exposer l'effroyable bilan. Mais on a recours à l'emprunt indirect et déguisé. Le tonneau des Danaïdes n'appartient plus à la mythologie. Départements et Communes, Crédit foncier, grandes Compagnies, sont autant de caisses sans fond, où les milliards viennent s'engouffrer. Séduits par des immunités et des garanties d'intérêts, au grand préjudice de l'agriculture, de l'industrie, du commerce, les capitaux fuient le travail. Quand ils ont pris l'habitude de cette fuite, il est malaisé d'arrêter les déserteurs ; plutôt que de revenir sur leurs pas, ils iront promener sous toutes les latitudes leur imprévoyante oisiveté. Nous faisons les préparatifs d'un suicide, comme nous ferions ceux d'une fête, et le pays tout entier offre le spectacle étrange d'un peuple qui se ruine pour avoir des rentes.

C'est le règne de l'emprunt perpétuel. Et l'emprunt, toujours ouvert, oblige finalement de recourir à l'impôt, toujours grandissant, qui apporte au capital parasite la pâture promise.

Serions-nous pessimiste, enclin à répandre sur le tableau des couleurs trop sombres, et à ne point tenir compte des changements survenus ? L'ancienne société, nous le savons, n'est plus qu'un souvenir ; elle a disparu, sans espoir de retour. Comme la jument de Roland, elle avait des qualités, mais elle a le défaut d'être morte, et son acte de décès est dûment enregistré. La limitation du travail, par l'organisation des métiers, par l'association des travailleurs, a fait place à un nouvel ordre de choses, à la concurrence libre et sans frein. Le capital, dont la fonction était restreinte, exerçait peu jadis son propre penchant à l'association ; actuellement, au contraire, de larges perspectives l'y sollicitent ; il jouit même exclusivement du privilège qu'a perdu l'ouvrier. Est-ce le dernier mot de la justice ? Nous ne le pensons pas. Mais il est un fait acquis, que des plaintes éloquentes ne modifieront point : le monde moderne, par toutes les conquêtes qui sont sa légitime gloire, tend chaque jour davantage, et dans toutes les manifestations de son activité, à une centralisation, dont l'expérience a été jusqu'ici douloureuse, mais dont la marche progressive est certaine. Eh bien ! diront peut-être certains amis de l'absolu, si les découvertes scientifiques, la facilité, la rapidité des communications, rendent de plus en plus naturelle, efficace et puissante l'action collective du capital, sous la forme anonyme, pourquoi l'État ne serait-il pas le type par excellence de cette action collective, la grande société anonyme, chargée d'administrer le bien commun ?

Nous entendons l'objection sans qu'elle nous atteigne ; mais ce ne serait pas répondre que d'agiter le spectre du socialisme tendant la main au communisme. Nous l'avons déclaré déjà, nous le répétons volontiers : il n'est pas contestable que l'État soit appelé à user du crédit national, dans des conditions d'initiative, de surveillance et d'intervention qu'ignoraient nos pères. Qu'on étende ses attributions autant qu'on le voudra, il n'en restera pas moins obligé de respecter des règles contre lesquelles nulle argumentation, nulles fantaisies de l'esprit n'auront la vertu de prévaloir. Les transformations sociales sont évidentes ; elles ont toute l'importance et toute la portée d'une loi historique. Cela ne change pas les lois immuables du sens commun ; cela fait simplement que leur application peut être plus difficile, et plus grande la tentation de les enfreindre. Or, il est contraire à ces lois qu'un pouvoir soumis à l'arrêt des scrutins ait ou s'arroge le droit d'imposer ses engagements aux générations dont les scrutins n'ont point parlé. Il est contraire à ces lois, il le serait sous tous les régimes, d'écraser la production par le poids des charges publiques, et de condamner le Travail à l'épuisement d'une anémie continue, pour nourrir le capital de la dette.

Les thèses les plus savantes, les plus beaux raisonnements n'ébranleront point ces maximes du bon sens, qui sont de tous les temps. A la fin de 1810, Napoléon datait du palais des Tuileries ces réflexions bonnes à méditer. « ..... Les finances d'un grand Empire doivent offrir les moyens de faire face aux circonstances extraordinaires..... Les nations les plus éclairées en ces matières avaient pensé que le seul moyen qui pût remplir cet objet était un système d'emprunt bien calculé. Ce moyen est à la fois immoral et funeste ; il impose à l'avance les générations futures ; il sacrifie au présent ce que les hommes ont de plus cher, le bien-être de leurs enfants ; il mine insensiblement l'édifice public..... » Il serait superflu de suivre l'empereur dans l'exposé de ses projets financiers ; mais le glorieux parvenu, qui avait le sens de l'autorité dynastique, qui regrettait si vivement de n'être pas son petit-fils, nous laisse entendre, par l'exagération voulue de son langage, que l'emprunt, fût-il fait avec prudence et ménagement, n'est point à l'usage des gouvernements électifs. « Immoral et funeste » était, suivant lui, « un système d'emprunt bien calculé » ; qu'aurait-il dit, s'il avait pu prévoir que l'emprunt sans calcul serait le système d'un régime innommé ?

IV

Le mot de capital parasite revient fréquemment sous notre plume ; nous espérons l'avoir suffisamment défini. En l'écrivant, qu'on veuille bien le remarquer, nous ne cédons pas à un parti pris de dénigrement, encore moins à la pensée de flatter une passion révolutionnaire. Au début de cette étude, nous avons pu pousser ce cri: Voilà l'ennemi ! mais sans désigner par là aucune catégorie de nos concitoyens à d'aveugles ressentiments. La constatation des faits nous a uniquement occupé, et nous ne voudrions pas que notre langage prêtât à la moindre équivoque. A Dieu ne plaise que nous soyons soupçonné d'exciter à la guerre contre le capitaliste-rentier; il serait injuste de le maudire, et son sort peut devenir plus digne de pitié que d'envie. Nous estimons ses mérites et rendons hommage à son innocence. Ce n'est point lui, qui, de ses bonnes espèces sonnantes, fruits du labeur et de l'épargne, amies de la paix et du bon ordre, a fait cet agent perturbateur, ce parasite vorace, nourri par le travail et fatalement son adversaire.

Le capital de la dette est l'œuvre de l'État. Il obstrue toutes les voies par où la production épandrait ses eaux fertiles, s'il n'en arrêtait le cours. Il alourdit sans cesse le chapitre des frais généraux, qui paralyse l'outillage agricole et industriel; il nous désarme devant la concurrence étrangère. N'a-t-il pas réduit la terre, la mine, l'usine et l'atelier à la cruelle impuissance d'améliorer les conditions de la vie ? Ne les soumet-il pas à la contradiction brutale du bénéfice qui diminue, ou de la perte qui le remplace, et du salaire qui augmente, sans parfois subvenir aux nécessités de l'existence ? N'a-t-il pas, aux foyers du travail, allumé des foyers de discorde ? Et maintenant ses ravages sont une menace pour lui-même ; sa tranquillité est troublée, sa sécurité compromise.

L'emprunt perpétuel mène à l'emprunt forcé, qui conduit au déficit obligatoire. Les charges publiques s'accroissent et le dépérissement est général. La science n'a pas encore fourni à l'État d'autre instrument que l'impôt, pour faire honneur à sa signature, et l'impôt, détourné de son but normal, servant de gage aux intérêts de la dette, pèse sur le travail, qu'il accable doublement. Le capital, en effet, ne trouve plus profit aux fatigues du labeur ; l'impôt trop lourd le décide à rompre un pacte onéreux ; il se retire d'une association où il s'appauvrit en peinant, et va chercher les douceurs du repos, sous la garantie de l'État qui le rémunère. Le Travail se restreint, tandis qu'on lui réclame un plus vaillant effort, et, pour produire moins, il paye davantage. Mais ses ressources s'épuisent plus vite que les trésors de sa patience, et le capital, attiré dans des caisses qu'il regardait comme d'inexpugnables forteresses, peut trembler à son tour. Cherchez-le derrière son plus solide rempart, dans tout l'appareil de sa force ; c'est la rente de l'État qui se présente à vous, et qui semble braver avec une noble fierté toutes nos théories politiques. Elle est la dernière institution soustraite à la mobilité universelle, dans une société où tout conspire contre la durée. Mais la contradiction n'est-elle pas flagrante ? Et la rente de l'État est-elle assurée de n'avoir point à l'expier ?

Au nom des progrès de l'esprit humain, au nom de la dignité du citoyen, on nous a démontré, on nous démontre à tout instant que l'hérédité dynastique est un attentat véritable à la liberté d'un peuple, aux plus nobles prérogatives de l'homme, à sa raison et à son libre arbitre. Il est admis que nous devons rester maîtres de nous-mêmes ; que nos prédécesseurs n'ont pu disposer de notre volonté, et que nous ne pouvons empiéter sur celle de nos héritiers ; qu'un pays serait esclave, s'il abdiquait cette inaliénable souveraineté qui appartient à tous et à chacun de ses enfants. Comment alors expliquer que la rente de l'État conserve l'étonnant privilège de commettre cet attentat contre notre liberté sainte, d'établir cet esclavage, et de nous contraindre à cette abdication ? Comment imaginer que tout Français, en naissant, malgré son libre arbitre latent et sa souveraineté future, subit l'obligation d'accepter une dette qu'il n'a point consentie ? Si les doctrines actuelles sont vraies, la rente de l'État doit disparaître, et les logiciens proclameront sa déchéance. La solution serait radicale, aussi n'est-elle pas la plus à craindre. Les principes sont objets que l'on perd, quand une récompense est promise à qui ne les retrouve pas. Au lieu de mener ses coûteuses funérailles, n'est-il pas plus expédient d'accommoder la Rente aux idées du jour, de l'entraîner dans le mouvement moderne? Au lieu de prononcer contre elle une sentence de mort, n'est-il pas plus opportun de lui donner une vie exubérante, procédé fort ingénieux, du reste, pour détruire sa vitalité? Si de trop rigoureux docteurs lui reprochent une stabilité qui contraste avec les phénomènes politiques et sociaux, ses défenseurs pourront affirmer hautement qu'elle sait se prêter aux lois de l'évolution. Ne l'ont-ils pas doublée? Ne se réservent-ils pas de l'augmenter encore? Et, en vérité, son embonpoint ne laisse rien à désirer. Mais autour du parasite, tout s'étiole et tout s'affaisse; ne faudra-t-il pas lui demander de fournir à l'État ce que le Travail ne pourra plus donner? Pourquoi serait-il exempt de verser un tribut entre les mains de son protecteur attitré? Sans doute, le contrat qui réalise l'emprunt n'oblige pas d'ordinaire à indemniser le débiteur, pour la peine qu'il prend de recevoir l'argent du créancier. Mais l'État, surtout l'État représenté par des délégués irresponsables, investis d'un mandat à court terme, ne sera-t-il pas tenté de soutenir que, la collectivité nationale étant tout à la fois le créancier et le débiteur, il remplit auprès d'elle un office d'intermédiaire et de gérant, qu'à ce titre, la collectivité, comme créancière et comme débitrice, lui doit également l'impôt? Qu'on estime la prétention excessive, nous le voulons bien. Mais où prendre aujourd'hui l'aliment que la dette exige? Aussi bien le raisonnement importe peu, quand la nécessité dicte ses arrêts, et nous entendons simplement marquer que le capital parasite, en stérilisant le travail, finit par se désigner lui-même aux atteintes de l'impôt. Ses gémissements rappelleront-ils les promesses données, aideront-ils au maintien de ses immunités? L'État jusqu'ici le ménage et l'entretient. C'est le loup qui garde la bergerie; des doléances n'apaiseront point son appétit, et ventre affamé n'a pas d'oreilles.

La crise est intense; mais elle peut durer. Il y a même un assortiment de crises, pour tous métiers, et de tout choix: crise de l'agriculture, crise de l'industrie, crise des finances, sans parler d'une infinité d'autres, que résume d'un mot la crise économique. Nous avons tenté d'indiquer à grands traits les causes immédiates qui la produisent et qui l'expliquent; nous avons vu quelles influences déterminent la lutte du Capital et du Travail. Dans leur duel à mort, ajouterons-nous, chaque coup qu'ils échangent est un coup fourré. L'un ne tuera pas l'autre. Ils ne pourraient que s'entre-détruire, et, avant la fin du combat, la ruine du crédit laisserait les deux lutteurs expirants.

Qu'on ne nous accuse pas d'exagérer à plaisir. Nous avons dénoncé le tyran, nous avons plaint l'opprimé; ce sont bien, en réalité, des adversaires qui se menacent et se frappent. La division des deux éléments du Travail laisse à l'état de victime résignée le capital demeuré fidèle au labeur de l'ouvrier; mais celui-ci ne distingue plus entre son allié naturel et le transfuge qui l'abandonne. Il se révolte, et s'empare, pour le déployer contre le capitaliste, quel qu'il soit, du drapeau des travailleurs. Pense-t-on corriger ses égarements, calmer ses rancunes, refréner ses colères, en lui montrant que ses malheurs sont partagés, que le propriétaire, l'industriel, sont, non pas des ennemis, mais des compagnons d'infortune? Les plus sages conseils, les plus persuasifs discours en faveur de la paix et de la réconciliation, le meilleur traité sur les devoirs réciproques, dont la pratique rétablirait l'harmonie, ne termineront pas le conflit, parce qu'ils ne supprimeront point le système qui engendre la souffrance.

Quand le capital s'isole du travail, il devient oppresseur; la spéculation remplace la production et motive les revendications ouvrières. De son côté, à mesure que le capital s'éloigne, le travail devient infécond; l'ouvrier convoite, au lieu de produire. Il veut détruire le capital, et, par la force des choses, il n'en réclame que le déplacement. La crise économique développe la crise révolutionnaire, avant-coureur de la crise sociale.

D'où vient et comment s'accomplit cette séparation funeste? Regardez les étapes parcourues et prononcez vous-même. L'abus du crédit inaugure le règne de l'emprunt perpétuel; l'emprunt perpétuel soulève la marée montante de l'impôt; l'excès de l'impôt altère les rapports du capital et du travail ; le ressort du crédit, d'abord distendu, est finalement faussé ; le travail souffre et l'ouvrier se révolte ; le capital opprime et le rentier se voit menacé.

Tel nous apparaît l'enchaînement des fatalités financières, dont nous portons le joug. Leurs conséquences dernières ne sont point encore sorties de l'urne où s'agitent nos destinées, et, lentement, mais sûrement, le dénouement approche.

Y a-t-il un remède ? Peut-être. Que chacun s'interroge. Pour nous, sachons nous borner, et retenons les leçons de la logique, que l'expérience confirme.

Par son instabilité, par son irresponsabilité, le régime actuel de l'omnipotence parlementaire est moins fondé que tout autre régime à léguer au pays l'héritage de ses dettes, et, plus que tout autre, il entreprend sur l'avenir, avec la frénésie du joueur qui ne ménage même plus la chance. Condamné à emprunter toujours, il doit, pour emprunter encore, augmenter les charges publiques et piétiner un peuple abattu. Où ses mains vont-elles maintenant saisir la proie qu'elles réclament ? Les rognures d'un budget ne sont point pour les remplir, et les économies rêvées s'évanouissent comme des ombres.

Écrasera-t-il le Travail, qui déjà succombe sous le fardeau ? Ce serait faire banqueroute aux travailleurs.

Atteindra-t-il le Capital, par l'impôt sur la Rente,

moins légal, mais plus franc, plus équitable que l'impôt sur le revenu? Ce serait faire banqueroute aux rentiers.

Et pourtant il faut choisir. Le dilemme est posé ; on peut ajourner, protester, s'indigner ; on ne l'écartera pas.

L'impôt sur la Rente aurait un mérite ; il opposerait une barrière à l'emprunt. C'est assez dire que la souveraineté parlementaire fera banqueroute au travailleur plutôt qu'au rentier, si elle ne la fait pas à tous les deux.

La conclusion peut déplaire ; mais nul obstacle n'arrêtera cette fatalité suprême, à moins que la France ne décide la banqueroute du Parlement souverain.

Puissent nos concitoyens voir le péril, avant qu'il soit trop tard ; puissent-ils ne pas demander une diversion à la panique, qui est l'irresponsabilité de la peur ! Nous redoutons les despotes, petits ou grands, que sacre la déroute. Nous ne cherchons pas des sauveurs ; nous craignons le sauve-qui-peut.

C'est touté la morale de cet écrit.

FIN

www.ingramcontent.com/pod-product-compliance
Ingram Content Group UK Ltd.
Pitfield, Milton Keynes, MK11 3LW, UK
UKHW022345120726
13694UKWH00004B/1690